ORAISON FVNEBRE
DE
LOVIS XIII
ROY DE FRANCE
ET DE NAVARRE

Prononcée à Pontoise le Ieudy 27. D'Aoust 1643.
Au Seruice solennel de la Ville.

PAR
IEAN DES-LYONS, Doyen, & Theologal de l'Eglise Cathedrale de Senlis, & Docteur de Sorbonne.

A PARIS
Chez IEAN LE MIRE, ruë S. Iacques, au dessus de S. Benoist, au Chef Saint Iean.

M. DC. XLIII.
AVEC PRIVILEGE DV ROY.

A MONSEIGNEVR
MONSEIGNEVR DE RETS
COADIVTEVR
DE
L'ARCHEVESCHE'
DE PARIS.

ONSEIGNEVR,

Si i'auois suiuy l'Ambition commûne de ceux, qui ont composé des Oraisons Funebres en la Mort du Roy : ie me serois laissé tenter auec eux de la Vanité, ou de faire pleurer la Reyne, en luy representant l'obiet de sa douleur ; ou de la consoler, en luy remettant deuant les yeux,

ā ij

les Images de l'Augufte Regne, & de la Belle Vie de fon Cher Epoux. Mais i'ay fenty de plus fortes, & de plus douces inclinations à venir reuerer en voftre Illuftre Perfonne, les premiers, & les plus Sages effets de fa Regence : & il eft fans doute que cette Harangue, ne luy auroit pas agreé, comme celles qui luy ont efté faites, pour remercier Sa Maiefté de voftre digne, & glorieufe Promotion.

En effet Monfeigneur, elle a eu la fatisfaction, d'auoir contenté tout enfemble, les goufts differents des Spirituels, & des Politiques : & iamais on ne vit au gré des vns, & des autres, le Droit de la Bien-feance mieux accommodé auec celuy de la Iuftice. Ceux qui s'imaginent qu'vne Mitre n'a point de iufte Forme, ny d'agreable affiette, que fur des Teftes Riches, & Couronnées ; qui penfent que pour bien porter le Sceptre de l'Eglife, & fon Bâton de Commandement, il faut eftre de la Race de ceux, qui ont commandé aux Armées, & aux Peuples ; qui ne trouuent point de grace, ny d'éclat en la Pourpre Sacrée, fi elle n'eft teinte, & colorée d'Illuftre Sang : ceux là certainement auront efté fatisfaits, de vous voir pofer fur ce Trône ; où voftre seule Naissance sembloit vous éleuer. On ne pouuoit point sans beaucoup de violence rompre ce Triple Nœud, auec lequel vous y estiez déia si glorieusement attaché : & quoy que la Grande Prestrise où vous estes destiné, ne soit pas selon l'Ordre d'Aaron ; on n'auroit point eu bonne grace de substituer aux Trois Illustres, qui gouuernent l'Eglise de Paris depuis vn Siecle, quelqu'vn qui eut esté moindre que leur Neueu.

Toutefois MONSEIGNEVR, vous me permettrez de vous dire, que ce n'est point par là, que vous estes deuenu habile à leur succeder. C'est vne Vertu corporelle, qui vous donne moins d'auantage en la Loy de l'Esprit, où nous viuons. La Science, & la Pieté, qui font toutes les occupations, & les delices de vostre Innocente Vie, font aussi les Capacitez, & les Titres, qui vous donnent le plus necessaire, & le plus infaillible droit à cét Archeuesché. C'est par elles que les Gens de bien sont assurez, d'auoir vn Apostre de bonne Maison; qui se prepare à receuoir, & à répandre l'Esprit des Pescheurs, que choisit le Fils de Dieu.

Ce sera bien-tost, que nous vous verrons Pescheur d'hommes : & que vous preparerez les voies à vostre Episcopat, par la premiere, & la plus haute de ses fonctions. Mais ce sera MONSEIGNEVR en cette fonction, que vous effacerez nostre petite Eloquence: & que vous m'obligerez moy-mesme à mepriser celle, dont i'ose vous offrir maintenant un Essay. Il est vray neantmoins qu'elle me sera touiours chere, pour auoir eu l'honneur de l'apprendre auec vous, & des mesmes Maistres que vous; & pour auoir commencé par elle à vous admirer. Ie n'ay point cessé de le faire depuis ce temps là. I'ay touiours suiuy des yeux vos pas de Geant, & vos Courses Victorieuses. I'ay souuent frappé des mains sur le Theatre, & dans la Carriere, où vous auez vaincu tant de fois, & receu tant d'applaudissemens, & de Couronnes. Mais i'espere bien à l'auenir d'estre le spectateur de plus grandes choses, & de plus solides merueilles: & en tout cas, i'auray la satisfaction auecque le Public, d'estre vostre Fidelle, & Religieux Temoin; si ie ne puis estre dignement en particulier.

MONSEIGNEVR

Vostre tres-humble, tres obeyssant, & tres affectioné Seruiteur,
DES-LYONS.

ORAISON FVNEBRE
DE
LOVIS XIII.
ROY DE FRANCE
ET DE NAVARRE.

Iustus consummatus in breui expleuit tempora multa; placita enim erat Deo anima illius. Sap. 4.

Le Iuste, disons plus clairement LOVIS LE IVSTE, a esté consommé en peu de temps; il a remply de grands espaces; & il estoit selon le cœur de Dieu.

MESSIEVRS,

Si tous les Orateurs qui ont harangué depuis trois mois aux Obseques du Roy Tres-Chrestien, auoient suiuy les mouuemens de la Pieté & de la Religion; au lieu de consoler la tristesse publique, & de charmer la douleur des Peuples,

A

ils auroient declamé contre leurs pechez, qui sont la cause de sa mort, & qui ont attiré sur la France ce chastiment du Ciel. I'auoüe neantmoins que ie n'ose pas traitter ma Patrie si rudement; que le ressentiment que i'ay de son affliction affoiblit la force de mon zele; & que l'honneur qu'elle me fait en cette occasion, m'empesche de luy reprocher par vn office odieux, quoy que iuste, ses iniquitez & ses crimes, pour lesquels elle a merité de perdre vn si bon Prince. Aussi ay-ie sujet de croire qu'elle n'en est pas si coupable que les autres Villes de ce Royaume, dans lesquelles l'abondance de l'iniquité se trouue auec celle du peuple & des richesses: ou pour le moins qu'elle en a eu vne contrition plus amere; puisque toutes les autres Villes s'estans déja essuiées, celle-cy pleure encores, & continuë le dueil qui semble estre finy par tout.

C'est ainsi, MESSIEVRS, que i'explique à vostre auantage le retardement de cette pompe & de ces honneurs Funebres que vous auez differez à sa Memoire bien-heureuse & Auguste; me persuadant auec raison que la Tristesse, qui est de soy lente & paresseuse, a si fort appesanty & accablé vos esprits, que vous estes demeurez iusqu'à present en l'estat de ces veuues desolées, à qui la douleur excessiue ôte le courage, & le soin d'ordonner du Conuoy de leurs Espoux, & d'en preparer les Funerailles. Car de vray, il n'y auoit point de circonstance en ce malheur qui ne luy donnast du poids pour le faire descendre plus auant dans l'ame des Peuples. Vn Roy nous auoit esté rauy, Iuste, Puissant, Sage, Heureux; lors qu'il commençoit à regner par luy-mesme; en la force & maturité de ses années;

& de son sens; au plus fort d'vne horrible Guerre contre les Ennemis hereditaires & eternels de cét Estat; au commencement d'vne campagne, ce qui se diroit au style de l'Escriture Saincte, *Eo tempore quo solent Reges ad bella procedere*, où nous auions plus de besoin de l'authorité que son Nom donnoit aux entreprises, & du bon-heur que sa presence apportoit aux exécutions : de plus, dans vne conionéture de temps & d'affaires, où la reputation & le credit de ses Armes tousiours victorieuses, pouuoient donner le contrepoids à toute l'Eurôpe en faueur de la France; durant l'éloignement de plusieurs Princes ; de mécontens, & d'interessez; dans la minorité d'vn Roy de cinq ans : tout cela certes ne deuoit rien moins apporter qu'vne consternation vniuerselle, & ie ne m'étonnerois point que vous eussiez esté si long-temps étourdis de ce grand coup.

2. Reg. II. 1.

Mais enfin, ne faut-il pas reuenir de nostre assoupissement, & nous consoler de cette mort, noire veritablement; mais noire comme l'Ebene, qu'on dit qui ne fait point de fumée lors qu'elle brûle; puis que d'vne part les miracles de vertu & de sainéteté dont elle fut accompagnée, l'ont renduë triomphante & agreable au Ciel; & que d'ailleurs vne Paix & l'Amnistie au dedans ; vne Victoire, vne Conqueste, & des progrez au dehors dont elle a esté suiuie, montrent euidemment qu'elle ne sera point funeste pour la Terre. De sorte que nous auons sujet de dire en cette occasion, *Vbi est mors victoria tua* ? ô Mort où sont les auantages & les victoires que nos Ennemis se promettoient de toy ? *Vbi est Mors stimulus tuus* ? où est ta pi-

A ij

qûre & ta playe ? *stimulus autem mortis peccatum est*; ton aiguillon qui est le peché, n'a sceu percer l'ame de ce Iuste, & l'a trouuée inuulnerable aux douleurs & aux pointes d'vne mortelle maladie : tu n'as donc rien fait de mal ny sur le Roy, ny sur le Royaume. Et c'est pourquoy, MESSIEVRS, ie ne crois pas me deuoir produire en ce lieu pour n'y faire que des regrets & des plaintes ; ny pour accommoder mes pensées auec vos cloches qui gemissent, auec ces flambeaux qui pleurent, auec ces tentûres qui noircissent nos imaginations, & nous couurent les yeux de dueil. L'Euangile, où il faut prendre la forme des Discours que nous prononçons en cette Chaire, me fournit bien vne autre Idée ; & quand i'y voys que le Fils de Dieu pour ressusciter vn Mort, chassa de la Chambre ceux qui pleuroient, & fit retirer les Crieurs auec tous leurs instruments, & tout l'attirail du Conuoy, *Cum vidisset tibicines, & turbam tumultuantem dicebat, recedite ; non est enim mortua puella, sed dormit* : cela me donne à penser que s'agissant icy en quelque sorte de ressusciter LOVYS XIII. de le faire reuiure au cœur & en l'esprit de ses sujets, de luy rendre en ce Panegyrique vne seconde vie d'immortalité & de gloire parmy les hommes, il est à propos de faire cesser les crys & les doleances funebres.

Loin d'icy donc pensées lugubres & melancoliques ; loin d'icy ces Declamateurs mortuaires qui pleurent de si mauuaise grace, & qui ne versent que des larmes & des eaux artificielles ; qui enchantent la douleur des Peuples affligez, par des murmures estudiez contre la Mort ; & enfin dont l'Eloquence ressemble à ces Femmes artificieuses qui s'arrachent les cheueux, pour faire croire qu'elles ont beaucoup de dueil & d'affliction: on peut bien appeller les Orateurs de ce genre *Tibicines, & turbam tumultuantem ; recedite.* Retirez-vous Pleureurs: ce n'est pas là le charactere, & la forme de cette Harangue; & si pour estre prononcée dans la Chaire Euangelique, & à la face des Autels, & des Prestres du Seigneur, il faut qu'elle soit conceüe en termes sanctifiez, & en langage de Predicateurs & de Prophetes, ce doit estre plustost du style doux & coulant, que Moyse souhaittoit pour annoncer les merueilles du Seigneur en Israël, *Fluat vt ros eloquium meum*; que non pas, *stylo ferreo*, du style de fer, auec lequel Iob eust desiré de grauer ses plaintes, & ses douleurs. Nous voulons seulement parfumer les nostres des bonnes odeurs que nous a laissé la vie du Roy; nous voulons fomenter & adoucir nostre playe de ce baume precieux: De peur d'irriter cette playe, ou de la r'ouurir, ne disons pas que LOVIS LE IVSTE est mort; disons qu'il a esté consommé, *Iustus consummatus*; & pour ietter plus de fleurs, que de larmes sur son Tombeau; pour luy rendre au moins la reconnoissance de nos esprits par la Loüange, apres luy auoir rendu celle de nos cœurs par les souspirs & par les Prieres, acheuons le reste *in breui expleuit tempora multa, placita enim erat Deo anima illius*.

En effet, MESSIEVRS, cét Eloge contient d'vne part toutes les grandeurs de son Regne, & de l'autre, toutes les grandeurs de sa Vie : Regne qui a esté fameux & consommé en gloire; Vie qui fut Chrestienne & saincte, consommée en vertus. Regne durant lequel il a d'vn costé remply le vuide & les deffauts des Temps qui ont precedé; d'autre costé, acheué auec vne diligence admirable ce qui pouuoit encor estre l'ouurage des temps à venir, & occuper quatre regnes de mesme espace que le sien, *in breui expleuit tempora multa*: Vie durant laquelle par des vertus heroïques & Royalles il s'est rendu selon le cœur de Dieu, & conforme à l'idée d'vn Roy parfait, tracée de la main du mesme Dieu, *Placita enim erat Deo anima illius*. O Grand Prince, afin de parler dignement de la gloire de vostre Regne, & des vertus de vostre Vie, sans offencer ny la verité par des déguisemens flatteurs, ny la prudence par des éclaircissemens odieux; Face le Ciel qu'il descende icy quelque rayon de la lumiere qui vous est preparée, si plustost vous n'en estes déja reuêtu, pour éclairer mes sentimens, & conduire mes imaginations en ce Discours.

Mais en verité, MESSIEVRS, ie ne puis estre mieux conduit & éclairé que de la lumiere de l'Euangile, qui me fait vne belle entrée, & me donne vn beau iour pour exposer à vostre veüe l'image du Regne de LOYIS, la mettant auprés de cét Original, *Ecce ego eijcio dæmonia, & sanitates perficia hodie, & cras, & tertia die consummor*. Vous connoissez bien ie m'assûre la main du Peintre S. Luc; ou plustost vous reconnoissez que c'est vn traict & vne figure de Iesus-Christ, qui voulut exprimer par là les choses qu'il auoit à faire durant qu'il estoit Roy icy bas, comme il l'estoit veritablement; Allez, dit-il aux Pharisiens qui le menaçoient d'Herodes, dittes à ce Renard, Voicy que ie chasse les Diables, & que ie fais des guerisons miraculeufes auiourd'huy & demain, & au troifiefme iour arriue ma confommation. Quelle application faites-vous de ce myfterieux Enigme? Pour moy qui ay coutûme de reffentir en moy-mefme vne indignation fecrette au recit des comparaifons temeraires & impies que la flatterie ou l'extrauagance forge des chofes humaines auec les diuines; ie ne puis toutesfois m'empefcher de prendre cecy pour l'Idée du Regne de LOVIS XIII. Car fi Iefus-Chrift eft le Roy des Roys, non feulement à caufe qu'il eft leur Souuerain, mais aufli parce qu'il eft leur forme & leur exemple; on ne luy fera point iniure de prendre quelques couleurs & quelques traits de fa Royauté pour peindre celle des autres qui en font les Copies, & qui eftans les Oingts du Seigneur, doiuent neceffairement auoir quelque rapport auec fon Chrift. Mais fi on regarde de plus prés, & qu'on s'apperçoiue que le noftre a regné trente trois ans comme Iefus-Chrift au monde; qu'il a employé les deux iournées, *hodie & cras*, les deux parties de fon Regne, à chaffer premierement les Diables, la rebellion & l'herefie qui poffedoient les corps de tant de Villes & de Prouinces, & les efprits de tant de Peuples; & puis apres à faire des operations miraculeufes fur tous les membres, & en toutes les parties de l'Europe, pour la purger & la guerir des infirmitez & des maux qu'elle fouffroit de la violence & de la contagion d'Efpagne: apres quoy, en la quarante troifiefme année de fa Vie, en la trente troifiefme de fon Regne, *tertiâ die confummor*, eft arriuée fa confommation; certainement, dif-ie, à confiderer tout cela, il n'eft pas extrauagant de fe faire parler ainfi dés le commencement de son Regne, *Ite, dicite vulpi illi; ecce ego eijcio dæmonia, & sanitates perficio hodie & cras*; desormais les Etrangers ambitieux & politiques, ne surprendront plus tant d'Etats par leurs menées, & par leurs finesses : desormais ces Renards qui occupent tant de terriers, & de retraittes en France; ces animaux dont l'odeur est mauuaise, & le naturel infidelle & malin, ie veux dire les Heretiques Rebelles, de qui la Doctrine est infecte & corrompuë, & la Politique dangereuse, pourront bien desormais s'enfuyr deuant ce grand Chasseur, *Ite, dicite vulpi illi.*

HENRY IV. leur auoit déja dit, qu'ils eussent à se donner garde de cét Enfant. Il ne l'est plus : il a pris les resnes du Royaume en main : il s'est declaré le Maitre par des coups de Foudre, dont la matiere est terrestre veritablement, mais preparée dans le Ciel, & renuoyée sur la Terre par vne impression d'enhaut; enfin il a appaisé les troubles domestiques, il a reconcilié toute la Cour; & si vous voyez deux Armées qui se rencontrent au Pont de Cé, ce n'est que pour se ioindre, & se mesler ensemble, afin de marcher auec plus d'vnion, & plus de forces contre le party Huguenot, *Ecce ego eijcio dæmonia.* Voicy donc ce pauure Possedé, cette Faction Demoniaque qu'on va exorciser : LOVIS, le Iuste & le Religieux LOVIS entreprent de la deliurer de cét Esprit immonde de Rebellion & d'Heresie, qui l'a reduite en vn si étrange état, qu'elle ne fait pas moins de pitié, que de peur à ceux qui la regardent, *Domicilium habebat in monumentis, & neque catenis*

Marci 5.

iam quisquam poterat eum ligare, quoniam sæpe compedibus, & catenis vinctus, dirupisset catenas, & compedes comminuisset,

minuisset, & nemo poterat eum domare, & semper die ac nocte in monumentis, & in montibus erat clamans,& concidens se lapidibus.

Ne vous semble t'il point, MESSIEVRS, que ce Demoniaque deliuré par le Fils de Dieu, estoit vne figure prophetique & reélle de celuy-cy qui rodoit, non plus sur les costes de la Iudée, mais sur celles de Guyenne & de Poictou. Il faisoit sa demeure sur les montagnes de Nauarre, de Bearn, de Languedoc; Il habitoit dans les rochers, dans les Rochelles, à Montauban, à Montpellier, *in montibus : & monumentis,* dans ces Villes affreuses & sanglantes, qui auoiét seruy de Cimetiere & de sepulcre à tant de monde, lors que les Heretiques s'en rendoient les Maitres, ou qu'ils s'y deffendoient. De ces montagnes, & de ces sepulcres, on entédoit les hurlemens de ce miserable Possedé ; *clamans & concidens se lapidibus.* C'est de là que le Party rebelle crioit aux Armes; qu'il faisoit souleuer les Prouinces entieres contre le Souuerain; qu'il appelloit l'Etranger en France ; & qu'au bruit de sa voix les Anglois, les Lansquenets, & les Reitres inondoient par tout. C'est là qu'on le voyoit tourmenté à se fortifier de tours, de bastions, & de murailles, *concîdens se lapidibus.* On ne pouuoit s'en saisir & l'enchaisner; *neque catenis iam quisquam poterat eum ligare.* Toutes les villes du Royaume s'estoient remuées en vain ; & auoient excité tant de troubles inutilement à ce dessein. Il s'estoit deffaict d'entre les mains de plus de douze Armées. Sept ou huict guerres declarées & generalles, n'auoient point eu assez de fer, pour luy forger des chaisnes assez pesantes & assez fortes, *quoniam*

B

sæpè compedibus & catenis vinctus dirupisset catenas; Il s'échappoit toujours; & si durant ses bons interualles on le pouuoit lier par les mains pour l'empescher de nuire, il rongeoit ses ménottes ; les Traittez, les Conferences, les Edicts de pacification dattez de nos plus belles Villes, & de nos plus beaux mois, *Et compedes comminuisset*: comme il se voyoit libre & sans gardes, il les rongeoit, il les limoit sourdement; & apres les auoir rompu par pieces, par Articles, & à la longue, on le voyoit tout à coup plus cruel & plus terrible qu'auparauant. En fin *nemo poterat eum domare*, ce Party sembloit indomptable, contre lequel les ruses, & les forces de la Politique n'auoient de rien seruy depuis cent ans. Voila donc MESSIEVRS, vn furieux & étrange Possedé : & si vous desirez encore sçauoir son nom, il n'est pas moins terrible. *Quod tibi nomen est? Legio, quia multi sumus.* Ie m'appelle, disoit-il, Legion, parce que nous sómes plusieurs. Vn de leurs Chefs en la Conference de Fontainebleau souz FRANÇOIS II. se vantoit de faire signer par cinquante mil hommes, la Requéte qu'il presentoit pour auoir des Temples : mais ils ont bien multiplié du depuis ; & ils ne parlent pas moins à HENRY IV. que de trois cens mille qui sont prests de perdre la vie, plutost que de rendre les Villes de seureté. Ce n'est donc pas seulement vne Legion, *multi sumus*; il y en a plusieurs : Et c'est auec ces Legions qu'ils ont soutenu trois Batailles rangées, qu'ils en ont gaigné presqu'autant ; qu'ils ont pris tant de places, & desolé tant de Prouinces.

Cependant qui le croiroit ? ô Dieu nous auons veu & admiré vos merueilles en nos iours ! A la presence de Lovis qui passe auec l'agilité d'vn Ange iusqu'en Bearn, les Demons tremblent, ou se retirent. Les Eglises restituées aux Catholiques, les Prestres remis en leurs dignitez & en leurs biens, les Autels redressez de sa main Royalle, la Messe rétablie partout, la Croix replantée, sont de puissans Exorcismes qu'il employe contre eux; *Ecce, Ecce ego eiicio Dæmonia.* Mais on peut dire que c'estoit *in digito Dei*: le doigt de Dieu conduisoit ce pieux Prince; il luy ouuroit les effroyables portes de ces Citadelles, & de ces Villes de Rebellion, où il s'attendoit presque de n'entrer que par les murailles, & par des bréches : Et on remarqua, MESSIEVRS, particulierement en ce voyage, comme depuis en la plus part des autres expeditions du feu ROY contre le party de la Religion, de l'Heresie dis-ie, qu'il sembloit que l'Epouuantement de Dieu pour parler en termes d'Ecriture sainte, marchoit deuant luy, & luy preparoit les voyes & les esprits de ces peuples sauuages, *terror Dei inuasit omnes.* Sans cela auroit-il trouué si peu de resistance ? auroit-il d'abord & en moins de six mois esté recônu d'vne centaine de Villes ? auroit-il par apres effrayé de son ombre, ou de sa presence plus de vingt Prouinces, où il triompha par Mer & par Terre; où il se rendit Maitre de tant de places fortes par les Armes, & par la Clemence; où il vainquit en campagne ferme, & sur les Isles, auec des circonstances si merueilleuses, & de si prodigieux succez; que nous auons subjet de croire qu'il en arriua comme du temps des Iosué & des Gedeons, où l'epouuante & la terreur de Dieu jnspirée aux Ennemys de son nom les mettoit en deroute, &

ne laiſſoit presque rien à faire aux Armées Saintes d'Iſraël, que de prendre la victoire qui ſe preſentoit à eux toute preparée, au lieu de la gaigner.

C'eſt par là que Dieu ſe montre veritablemét le Seigneur des Armées: d'autant que les Armées conſiſtent propremét dans le cœur, & non point aux bras & aux mains. Or il n'y a que Dieu ſeul qui ſoit Maitre du Cœur des hommes, & qui en puiſſe diſpoſer ſelon ſes volontez : ſi bien qu'affoibliſſant lors qu'il luy plaiſt le cœur des Armées, il les deffait en vn moment par vne terreur ſecrette dont il les remplit, & qu'il appelle ſa terreur, *terrorem meum mittam in præcurſum tuum* diſoit-il à Moyſe. Et ie m'imagine pour moy que cóme il y a vn Enthouſiaſme pour agir, c'eſt à dire vne benigne impreſſió, mais forte preſence de Dieu qui illumine l'Ame, qui la tranſporte, & qui eſt vn principe de mouuemens, & d'actions extraordinaires: ſemblablement il y a vn autre Enthouſiaſme de Dieu Vangeur, *terrorem meum* qui obſcurcit l'Ame, qui la rend immobile, aueugle, temeraire; qui ſaiſit les membres, trouble les ſens, & affoiblit le Cœur de ceux qui en ſót frappez, iuſqu'à ſe laiſſer vaincre & deffaire ſans reſiſtance & ſans combat: Et quand on voit cela dans vne Faction, dans vne Armée qui d'ailleurs eſt puiſſanie & conſiderable, on peut bien dire que c'eſt Dieu qui combat contre elle *terror Dei inuaſit omnes*.

C'eſt donc vous ô Dieu terrible, Dieu des Batailles & des vengeances; c'eſt vous qui marchiez en la perſóne de LOVIS contre les Ennemys de voſtre Egliſe, qui venoient ſe jetter de tous coſtez dans ſes mains, ou qui s'enfuyoient tout eſperdus deuant luy : C'eſt vous qui mettiez voſtre nom dans ſon nom, voſtre Majeſté dans ſa Majeſté, pour étonner, abbatre, deſeſperer la Rebellion, & l'Hereſie. Et cependant MESSIEVRS, que noſtre Poſſedé faiſoit les meſmes grimaces, & les meſmes poſtures que celuy de S. Marc, auec lequel nous l'auons déja trouué ſi ſemblable, on voioit de pareils miracles en ſa deliurance. *Videns Ieſum à longè cucurrit & adorauit eum*: Des villes rebelles les vnes venoient de bien loing au deuant du Prince, & luy rendoient hommage & obeiſſance: Les autres ne le vouloient point reconnoitre, & par des cris & des libelles de ſedition, par la bouche des mouſquets & des canons, *clamans voce magnâ dixit, quid mihi & tibi*, ne ſembloient-ils pas luy dire, que nous veux tu? ne nous afflige, ny ne nous tourmente point; ne nous ôte point nos Places de ſeureté; laiſſe nous faire icy nos Cantons & nos Republiques, *Et deprecabatur eum multum ne ſe expelleret extrà regionem*; laiſſe nous au moins la Rochelle: ou bien permets nous de nous donner à l'Etranger *mitte nos in porcos*. Ils vouloient dire à cette Nation voluptueuſe & molle, qui ſemble auoir perdu ſon ancienne valeur, en quittant ſon anciennne Foy. Ne voyez vous donc pas MESSIEVRS, que les Anglois qui occupent l'Iſle de Ré ſont déja poſſedez de ces Demons? voiez vous comme ils ſont agitez des furies & des eſprits de ce rebelle Energumène? voiez vous comme toutes leurs trouppes, ou plutoſt leurs trouppeaux effraiez ſe iettent en mer, *magno impetu grex præcipitatus eſt in mare*? comme ils ſe precipitent au fonds de leurs vaiſſeaux; comme ils ſe noient dans les marais & dans les güez: & ceux qui ont leu les

Relations particulieres de ce temps là, ne se souuiennent ils point, qu'il y en eut deux mille, qui furent étouffez, ou enseuelis dans les eaux en cette deffaitte, *ad duo millia & suffocati sunt in mari.*

Peuteftre que vous vous ennuyez d'vne si longue comparaison, & il me tarde à moy mesme que ie n'acheue les derniers traits de cette belle Figure. Mais le moyen de mettre fin aux miracles de ce grand Roy, ou pour le dire plus Chreftiennement, aux miracles que Dieu faisoit en faueur du Iufte contre les Impies, contre les Ennemys de l'Eftat & de l'Eglise. *Qui autem pascebant eos, fugerunt & nuntiauerunt.* Les Chefs & les Conducteurs de ces trouppeaux submergez prirent la fuitte, donnerent l'alarme à toute l'Angleterre, equipperent vne puissante Flotte, & auec vn superbe appareil de deux cens Vaisseaux *egressi sunt videre quid esset factum*, ils retournerét pour nous combatre, pour nous faire payer la perte qu'ils auoient fraichement receüe, pour deliurer d'oppression & de famine leur Cité Saincte, la Ierusalem Proteftante, où les Meres auroient bien toft mangé leurs enfans, comme autrefois dedans la Iuiue? nous pensions qu'ils retournassent pour cela: Mais non MESSIEURS: ils retournerent *videre quid esset factum*, pour faire admirer à leurs Peuples ce qui se passoit en la deliurance de cet épouuantable Possedé; pour voir ce grand Miracle qu'on appelloit la Digue; ces Bornes plantées dans la Mer; cet Epouuantail de l'Ocean qui faisoit fuir ses Flots & ses Marées; cet Ouurage prodigieux, incroyable, impossible, qui neantmoins auoit esté acheué en faueur de LOVIS.

L'Empire de la Mer luy appartenant deſlors pour l'auoir ſubiuguée, il ſembloit que cette Nation qui s'en diſoit la Reyne, ne fut venuë auec vn train ſi magnifique, que pour luy ceder ce Titre honorablement; ou pour luy en faire hommage, à la teſte des Legions Foudroyantes dont il eſtoit enuironné à à la veüe de ſon miraculeux Trophée érigé au milieu des eaux: tandis que les Brulots, & les Machines Ardentes faiſoient les feux de ioye de ce triomphe, & que le concert des inſtrumens de guerre, la Muſique des Canons, honoroit la ceremonie de part & d'autre. Quoy qu'il en ſoit nous pouuons bien dire, *Egreſſi ſunt videre quid eſſet factum*; nous pouuons bien dire qu'ils eſtoient venûs ſeulement pour voir, puis qu'ils ne firent rien d'auantage; & qu'ils ſe retirerent apres auoir veu trois choſes etonnantes; vn Trauail & vne ſtructure de bois & de pierre affermie dans la Mer: des François qui n'auoient pas encore perdu patience en vn Siege de tant de mois; Et ce qui eſtoit plus prodigieux, la Rochelle preſte à ſe rendre.

Iugez donc Messievrs, quel miracle c'eſtoit que la deliurance du Poſſedé dôt nous parlós, ie veux dire du Party qui s'appelloit de la Religion; iugez, dis-ie, quel miracle c'eſtoit, à l'accompliſſemét duquel on ne pouuoit arriuer que par vne ſuitte de tant d'autres miracles liez & enchaiſnez enſemble. Mais iugez de la gloire de noſtre Bien-heureux Prince qui en eſt en fin venu à bout, & qui l'a fait admirer à toute la France, à toute l'Europe, à toute la Terre, *Vident illum qui à dæmonio vexabatur ſedentem, veſtitum, & ſanæ mentis.* Auec ſa valeur, ſes prieres, ſon zele, ſa foy, il a coniuré les Demons, la Rebellion & l'Heresie; il les a chassez du Corps des Prouinces & des Villes qu'ils possedoient: & ce pauure Demoniaque qui en estoit affligé est reuenu en son bon sens; ce Party si factieux & remuant a remis ses armes & ses fougues; *Sedentem*, Il est assis & en repos; *vestitum*, il s'est mis à couuert souz la liberté des Edicts & des Graces; *& sanæ mentis*, Il a cessé d'estre furieux & homicide.

A la veuë de ce prodige qui est-ce qui ne seroit point émeu d'admiration, & de terreur? *timuerunt*. C'est le dernier mot qui finit la prophetie des auantages du ROY, que nous auons si heureusement rencontrée dans l'Euangile. Mais c'est le premier effect que produisirent au loing les merueilles qu'il auoit faites dans son Royaume. Ceux qui virent le Demoniaque deliuré furét saisis d'vne religieuse crainte; ie veux dire que les Peuples voisins, & les Nations Etrangeres qui voyoiét icy la Factió Heretique ruïnée par des succez si admirables & si étranges; conceurent tant de respect & de terreur de LOVIS operateur de ce miracle, qu'ils ne doûtérent point, qu'apres auoir vaincu des François, & des Rebelles, c'est à dire des Gens doublement inuincibles, & par nature, & par desespoir, il luy seroit aysé de dompter tous les autres peuples; *timuerunt*.

De vray cela luy eût esté bien facile, s'il eût voulu se donner le nom de Grand, de Conquerant, & de Hardy au lieu de celuy de IVSTE qu'il auoit pris. Les Caracteres de ce saint & auguste nom effaçoient de son esprit toutes les idées d'ambition & d'orgueil; & ne luy en donnoient point d'autres, sinon de faire iugement & iustice en se rendant protecteur des Etats

opprimez,

Oraison Funebre. 17

opprimez, & vengeur des iniures qu'on faisoit aux Nations, & aux Princes.

Car, MESSIEVRS, qu'auons nous veu autre chose, dans la seconde partie de son Illustre, & Glorieux Regne; qui veritablement peut estre regardée comme ces Tableaux ambigus, dont la peinture est double, & qui ont deux portraits, & deux faces. Si nous la regardons d'vn costé:

----*Bella Horrida, Bella.*

Du costé des Ennemis de cet Etat, des Ennemis de tous les Etats, qui ont attiré sur eux la puissance, & les Armes de nostre Prince, pour deffendre les autres; ou pour se deffendre luy-mesme de leurs vsurpations. Du costé des Choses humaines, qui ne sont iamais sans imperfection, & sans deffaut. Du costé de l'Homme, dont les pensées ne sont point sans erreur, ny les conseils certains, ny la prudence ferme & infaillible, *cogitationes enim mortalium timidæ & incertæ prouidentiæ nostræ*; dont les Iustices mesmes, sont sanglantes & soüillées, au dire du Prophete, *Omnes iustitia nostra quasi pannus menstruata.* Du costé, dis-je, des Ennemis, des Choses humaines, & des Hommes; ce sont à la verité d'horribles guerres, de funestes executions: & le carnage d'vn million d'hommes, la desolation d'autant d'autres, la ruine, & affliction des Prouinces, l'oppression des Peuples; en fin le feu, le sang, les larmes font vn étrange coloris sur cette Peinture. Mais si nous la regardons de l'autre face, du costé de LOVIS qui marchoit innocemment, & en simplicité de cœur; qui ne mesuroit, ny ne faisoit point aller ses entreprises au pied de l'orgueil, & de l'ambition; non plus que le Roy Pro-

Sap. 9. 14.

C

phete, *pes superbiæ non moueat me.* Du costé de Dieu agissant par tout extraordinairement auec ce Prince, & cooperant à ses iustes intentions: ainsi qu'il a paru par vne infinité de demonstrations si euidentes, & si visibles, que les moins affectionnez ne peuuent nier, en tant de Sieges, de Batailles, & de Rencontres: Certes de la part de nostre Iuste, & du Dieu de ses Armées, i'ose dire *sanitates perficio hodie, & cras:* I'ose dire qu'il n'a emploié le fer, & le feu, que pour guerir les playes de l'Europe; que ces ameres Medecines, en ont purgé les mauuaises humeurs: & qu'en fin cette Partie de son Regne est fameuse, pour tant de cures, & de guerisons admirables qu'il a faites.

Non pas, MESSIEVRS, pour celles qu'il a faites en si grand nombre, à toucher les Malades, plus qu'aucun autre de ses Predecesseurs: comme si, à parler en termes de Theologien, cette Grace gratuitement donnée à tous les Roys de France, auoit pris en luy de nouuelles forces, par la grace Iustifiante, dont il estoit singulierement assisté, pour mener vne vie si vertueuse, & si pure: Ce sont des Miracles de la Couronne, qui ne luy coutent pas plus en temps de Paix, que de Guerre.

Ie veux dire donc, qu'il a guery les defauts, & les vices naturels de la Nation Ennemie, *sanitates perficio.* Il a percé sa tumeur, & son enflûre: il a appaisé la soif ardente, qu'elle auoit de la Monarchie vniuerselle; il l'a deliurée de son Ambition, & de sa fiévre; il a corrigé ses Appetits enormes & deprauez, qu'elle auoit de toutes choses: Ne croyez pas que ie vueille insulter aux Vaincus, ny pecher dans vne Eglise, & dans vne Assemblée Catholique, côtre la Cômunion des Saints, qui nous oblige d'aymer tous les membres de IESVS-CHRIST. Mais ie ne diray rien contre la Charité Chrétienne, si ie dis, qu'autant d'Etats & de Princes, qu'il a deliurez d'oppression, sont autant de malades, qu'il a gueris. Si ie dis qu'il a retiré Casal, & la Souueraineté de Mantoüe, de l'agonie & des abbois de la mort: qu'il a ressuscité l'Artois, & le Roussillon à la France: qu'il a rendu l'vsage des mains, & des pieds, à l'Allemagne Paralytique, qui ne pouuoit plus se remuer, & agir en liberté: qu'en fin il a restitué la veüe, l'oüye, la parolle, à autant de Peuples, & de Royaumes; qu'il s'en est releué de misere, de seruitude, & de tyrannie, par ses Conseils & par ses Armes.

C'est ainsi que ie suis contraint de dire en deux mots les grandes choses qu'il a faites, comme vn Peintre se voit obligé de representer vn Geant sur deux pieds de toille. Ou plustost comme ces mesmes Peintres, à qui on commande le tableau d'vn Homme, se contentent d'en donner le visage, & la teste; C'est assez pour m'acquitter de la charge qui m'a esté imposée, de vous auoir ainsi designé les principaux Chefs de tant d'illustres, & glorieuses Entreprises, qui ont esté acheuées sous la Conduitte, en la Presence, par la Fortune de LOVIS. L'histoire en remplira des Volumes. Mais si vous voulez, MESSIEVRS, que ie me serue seulement de vos Memoires; & que i'applique à mon vsage les Idées, qui sont restées en vos esprits, de tout ce que vous auez veu, & admiré durant son Regne; soit en Paix, soit en Guerre: au dedans, ou au dehors de l'Etat; en sa Maison, & en son Mariage; dans ses Armées, & en ses Victoires:

C ij

si vous voulez, dis-je, que vos seules pensées me seruent de raisons, & de preuues; certes ie pourray bien conclure, *Iustus consummatus*, que le Regne de ce Prince est arriué au plus haut point, & à la consommation de la gloire humaine.

Car peut-on établir la splendeur, & la gloire d'vn Regne en d'autres choses, qu'en celles qui ont remply, & occupé le sien? Augustes Alliances auec les premieres, & principales Couronnes de la Chretienté: Diuisions ciuiles, & domestiques eteintes: Guerres Etrangeres, du succez desquelles, il n'y a presque point de Nation en l'Europe, qui n'ait esté puissamment vaincuë, ou protegée; Grosses & heureuses Batailles par mer, & par terre; Sieges, & prises d'vn grand nóbre de fortes, & fameuses Places, qui auoiét mesme la reputation d'estre inexpugnables; Armées nóbreuses de tous costez; Sages, & Vaillans Capitaines; Euenemens singuliers aux intrigues de ses Fauoris, & de sa Cour: Politique nouuelle, & extraordinaire; Entreprises magnifiques de Citadelles, de Palais, de Ponts, d'Aqueducs, & de ionction de Riuieres, & de Fleuues; Accroissement, & perfection des Sciences, & des Arts, iusqu'à l'Eloquéce mesme, qui a reffleury en nos iours, & qui s'est rehaussée, comme pour se rendre egale à l'excellence, & aux merites de Louis. De sorte que ie ne puis m'empécher de dire aprés tout cela, ce que l'Ecriture a dit du plus illustre Roy d'Israël, *dedit illi Dominus gloriam Regni, qualem nullus habuit ante eum Rex*, que Dieu l'a fait regner plus glorieusement, qu'aucun autre des Roys ses predecesseurs.

Les plus Illustres à vray dire, sont à considerer auprés de luy, comme ces excellentes Pieces de l'Antiquité, qui n'ont point esté acheuées: Et sans parler de tous ceux de la premiere, & de la seconde Race, qui ne peuuent seruir que d'ombrages à son Tableau; quand ie considere que de la Sienne, le Deuot, & le PIEVX qui a fait des Hymnes, & des Prieres comme luy; n'a point esté Valeureux comme luy: que l'AVGVSTE qui a esté Victorieux, & Conquerant au dehors comme luy; a esté trauersé dans sa Maison, par les repudiations, & diuorces de quatre, ou cinq Femmes, sans jouyr d'vn Mariage fortuné, innocent, miraculeux comme luy: quand je considere que nos Bons Princes ont esté malheureux, & affligez iusqu'à la captiuité; nos BIEN-AYMEZ, Phrenetiques; nos Politiques, Malins; nos GRANDS Infortunez, Impudiques; & que celuy cy a esté Bon, Iuste, Bien-aymé, Politique, Grand, sans auoir le moindre de ces deffauts: certainement il en faut demeurer d'accord; & ce n'est ny la Flaterie, ny la Retorique, qui tirent cette verité de ma bouche, que LOVIS a esté parfait, & accomply de tous les auantages du Regne de nos autres Roys, & de ceux mesmes qui leur ont manqué, *Iustus consummatus.* Il en faut demeurer d'accord, que son Temps, & son Siecle à remply les Siecles passez, & le temps à venir, *in breui exploit tempora multa.*

Iettez vn peu les yeux sur cette grande étendue de douze cents ans, qu'a deja subsisté nostre Monarchie. Vous verrez les premiers Siecles comme vn grand vuide, & vne vaste profondeur, dans laquelle ont esté cachez, & engloutis les Faineans, & les Simples, qui enseuelissoient tousiours auec eux vne partie de l'Etat, & de l'Autorité Royalle: comme les Anciens Roys, qui faisoient enterrer leur Couronne, leur Sceptre, & leurs Thresors, dans vn mesme Sepulchre que leurs cendres. Mais vous verrez que le Siecle, le demy Siecle de Lovis XIII, a remply ce grand vuide par vne actiuité, & diligence incroyable, qui n'a pas laissé vne année de son Regne inutile; qui luy a fait faire presque autant de Iournées, que de iours; & qui par vne infinité de memorables Exploits, a fait de merueilleuses additions, à l'Authorité du Roy, & au Domaine du Royaume. Vous verrez les Siecles du milieu vn peu plus remplys, de belles Expeditions, d'etranges Intrigues, d'Euenemens Tragiques, singuliers, admirables; de Guerres non moins signalées par nos malheurs, que par nos victoires: Et toutefois il y auoit encores en tout cela beaucoup de vuide, & de deffauts: ce n'estoit qu'imprudence, temerité, hasard en toutes nos Affaires; & on auoit mis en Prouerbe la legereté, & l'inconstance des François. Le Siecle de Lovis, a remply les deffauts de ces Temps là, & a donné desormais du secret aux Negotiations, & au Conseil, & de la constance aux Entreprises. En fin, si ie regarde les sept ou huit derniers Regnes, ie les trouue occupez, en partie à repousser la violence, ou à dompter l'ambition des Etrangers, particulierement de l'Espagne : & en partie à éteindre le feu des Guerres Ciuiles, que la Religion auoit allumez. Mais qu'est-il besoin de faire voir leurs manquemens, & leurs fautes? l'Imprudence de Charles VIII; la Prison de François I; Tous ces Voyages malheureux de de là les Monts, qui seruoient de nouuelle preuue au vieux

Prouerbe qui dit, que l'Italie est le Cimetiere des François, auoient fait de grandes breches à l'Etat, & à la reputation de cette Monarchie. Mais Lovis les a reparées. Il a remply le vuide qu'auoit fait la Iournée de S. Quentin, par celles d'Auain, de Kempen, Lerida, & les autres. Il a remply le vuide qu'auoit fait l'iniuste Rançon d'vn de nos Rois, par la reprise d'Arras, & par les conquestes de Flandre. Il a remply le vuide qu'auoit fait l'vsurpation d'vne partie de Nauarre, par la Catalogne, & les autres Estats conquis, ou detachez de la Couronne Ennemie. Et pour ce qui est de l'Heresie, & de sa Faction; cinq ou six années de son Regne ont remply, & acheué les fautes, les desseins, les ouurages de quatre Roys, & de quatre-vingts ans. N'a t'il pas donc remply le vuide, & les deffauts des Siecles passez? ouy certes, *in breui expleuit tempora multa.* Mais il a encore anticipé sur les Temps à venir. Il a preuenu par sa diligence, par cette vertu qui fait les Cesars; il a preuenu les pensées de ses Successeurs; il a preoccupé leurs Victoires, & nous pouuons dire sans Hyperbole, qu'il a vaincu les Ennemis, & étouffé les Guerres des Regnes, qui arriueront aprés le sien, *expleuit tempora multa.*

Ne pleurez pas toutefois, ô petit Alexandre, ô grand Prince, miraculeux Heritier de son Sceptre. Ne vous plaignez point que vostre Pere ne vous a plus laissé rien à faire. Il vous a laissé à faire la Paix, qui est vn grand Chef-d'œuure. Il vous a laissé à faire, la Conqueste de l'Orient, la deliurance de l'Eglise Grecque, l'extirpation des Ennemys du nom de Dieu. Et si les Propheties ne sont pas encores arriuées à leur maturité, & à leur saison, tousiours vous a t'il laissé à imiter l'Image de sa vie, *placita enim erat Deo anima illius*: s'il n'y a rien à aiouter à la splendeur, & à la gloire de son Regne, vous trouuerez tousiours de quoy imiter à ses Vertus: voire mesme il, vous sera plus facile d'aiouter à ses triomphes, que de r'encherir sur ses Vertus.

Car en effet MESSIEVRS, les Triomphes du feu Roy pouuoient s'étendre plus-loing. Il n'a pas encore touché aux Royaumes, & aux Souuerainetez de delà les Monts, qui luy appartiennent. Il n'a point repris les Etats hereditaires de sa Maison, qu'on luy a vsurpez. Il n'a pas eu le temps de venger toutes les iniures, & toutes les oppressions faites aux miserables. Mais i'ose dire, qu'il a touché, & pris part à toutes les Vertus Chrestiennes ; & que de celles que Dieu recommande particulierement aux Roys, il n'y en a point, qu'il n'ait Royallement possedée. En fin, puisque nous auons separé son Regne d'auec sa Vie, puisque nous pouuons distinguer le Roy d'auec le Iuste; Auoüons qu'il a peut-estre fait des fautes d'Estat, mais qu'on ne luy sçauroit presque imputer aucun vice d'homme priué. Il n'a peut-estre pas esté assez Politique ; mais il a esté grand Homme de bien: Et à ceux qui sçauront iuger des choses comme elles se sont passées, & discerner prudemment la malignité de la Cour, & de la Politique, d'auec la bonté de ce Prince; En verité l'oppression de son peuple, & l'éloignement de sa Mere, qui sont les fautes dans lesquelles Dieu semble auoir permis qu'il soit tombé, pour nous laisser l'exemple d'vne si belle Penitence, qu'il a faite en sa mort: Ces deux Fautes, dis-ie, à ceux qui auront connu la pieté du Roy, & la crainte qu'il auoit d'offencer Dieu, paroistront

roistront plus tost des malheurs, & des accidens de son Regne; que des pechez de son Cœur, & des tâches de sa Vie. Non, non, ces deux pechez de nostre Dauid, n'auront point empesché qu'il ait esté selon le cœur de Dieu, *placita enim erat Deo, anima illius*.

Grande loüange certes, mais qui n'est pas seulement appuiée de la necessité generale, d'approuuer tout ce que font les Roys; ny de la necessité particuliere que i'ay, de faire en ce lieu le Panegyrique de LOVIS. Cette loüange MESSIEVRS, a son fondement dans vn Oracle de verité eternelle, & infaillible : Et comme si toutes les Ecritures s'accordoient à mon dessein; ou plustost à l'auantage, & pour la gloire de ce grand Roy : aprés que le Nouueau Testament m'a preté le modelle de son nouueau Regne, dans lequel toutes choses ont esté renouuellées; le Vieil Testament me donne l'Idée de sa Vie, dans laquelle on a veu l'ancienne probité, & la vertu consommée. Car voicy l'Idée que Dieu donne au Deuteronome, d'vn Roy se-
"lon son cœur : Celuy là, dit il, qui sera constitué
"Roy, prendra garde de n'auoir point abondance de
"Cheuaux; multitude de Femmes; ny vn grand
"amas d'or, & d'argent. Il aura soin de dectire à son *Deuter.*
"vsage vn Exemplaire des Liures de la Loy, pour y li- *17.*
"re tous les iours, & y apprendre à craindre le Sei-
"gneur son Dieu. Que son Cœur ne soit pas bouffi
"d'orgueil, ny trop enflé de la Puissance, qu'il aura
"sur ses Suiets : qu'il marche toûjours en equité, sans
"se détourner à droit, ny à gauche; affin qu'il puisse
"regner long-temps, & ses Enfans aprés luy.

C'est là, Chrestiens, le modele des Roys; & pleust

D

à Dieu, qu'ils fuſſent tous formez à cet Original. Mais il auoit vniquement reſerué cette gloire à LOVIS XIII, entre tous les Princes de ſon Siecle ; parmi leſquels il eſt ſans doute, qu'il n'y en a point eu de plus modeſte, de plus chaſte ; qui eut moins de conuoitiſe, & d'orgueil, qui euſt plus d'horreur du mal, & d'affection pour le bien. Et ſi vous voulez conſiderer attentiuement tous les traits de cette excellente Copie ; ſi vous voulez que i'explique à noſtre mode, & en noſtre Langue les paroles Saintes, & Myſterieuſes, affin de mettre en ordre cette riche confuſion des Vertus Royales qui ſe preſentent à mes yeux, *non multiplicabit ſibi equos* ; Certes LOVIS n'a point eſté ſujet à l'Orgueil des Roys : il n'a point eſté amateur de la Pompe du Siecle : il n'a point augmenté le Luxe ; il l'a pluſtoſt retranché tant qu'il a peu par ſon exemple, & par ſes Edits. Luy peut on reprocher ces enormes Curioſitez de la Conuoitiſe des yeux, qui ſe repaiſt de l'Eclat, & de la groſſeur des Diamans ? l'accuſera-t'on d'auoir épuiſé les Finances, à faire vn prodigieux amas de choſes ſuperfluës, qui s'appellent d'vn terme plus innocent, & plus doux, des Raretez ? a-t'il eſté coupable de ces Vanitez monſtrueuſes, auſquelles l'opinion, & la Flatterie donne le nom de Magnificence, & de Grandeur ? a-t'il conſommé des millions, à faire venir toutes les Richeſſes, & les Beautez d'Outremer ; pour en parer ces Cabinets, qui ſont de ſuperbes Trophées, que l'orgueil erige des dépoüilles, & du butin de la Mer, & de la Terre ? l'a-t'on veu donner audience aux Ambaſſadeurs ſur vn Trône d'or ? a-t'il campé à la Guerre ſous des Pauillons, & ſous des Tentes, dont le Ciel fut plus brillant de Diamans, & d'Efcarboucles, que le Firmament d'Etoilles? Tout cela n'appartient qu'aux Princes Barbares, & Enflez, qui ne cherchent qu'à éblouïr les Peuples de l'éclat, & des Rayons de leur Couronne: mais le noftre qui étoit Roy d'Ifraël, Roy Tres-Chreftien, cheriffoit d'auantage la Modeftie Chreftienne.

Pour moy, MESSIEVRS, quoy qu'en dife le Peuple, qui n'admire que les beaux dehors, & les apparences fpecieufes: ie ne puis que ie n'admire beaucoup auec les Sages, cette Moderation de Philofophe, dans la condition d'vn Souuerain; cette Abftinence de Grandeur; cette fobrieté, ou pluftoft ce dégouft, auec lequel il vfoit de la Pompe des Roys: Et quand ie vois les autres, qui traifnent par tout apres eux auec beaucoup de bruit & de tumulte, ce grand attirail de Vanité neceffaire; qui ne voudroient pas fe monftrer en pleine Paix, qu'à la tefte, ou au milieu d'vne Armée; qui fuënt richement & auec volupté, fous la pefanteur de l'Or, & des Pierreries de leur habits; qui ne fçauroient marcher qu'en appareil de Triomphe, ny prefter l'oreille qu'à leurs Panegyriques; N'ay-ie pas fujet d'eleuer hautement la Temperance de l'efprit de noftre Prince, qui trouuoit des delices à s'éloigner de fa propre Grandeur, & à fuir le feiour des villes où regne l'Orgueil, & la Pompe? Cette multitude de Gardes, qui rehauffe, & qui défend la Majefté de nos Roys, a toûjours ferui dauantage à l'Etat, qu'à fa Perfonne. Il s'eft habillé comme le commun des Hommes, parce qu'il s'eftimoit Homme, femblable à fes Sujets. Il n'a iamais pris les Triomphes de tant de Victoires qu'il a gaignées

D ij

& l'Impatience auec laquelle il entendoit les applaudissemens, & les Harangues des Villes, & des Prouinces humiliées à ses pieds, témoignoit bien que ses propres loüanges luy estoient importunes & incommodes, puis qu'il les refusoit, ou qu'il les interrompoit presque toûjours. En fin on ne vit iamais vne telle Moderation d'esprit dans vne telle Fortune, *non multiplicabit sibi equos, nec eleuetur cor eius in superbiam.*

Aussi auons nous veu que comme au sentiment des spirituels, & des Saints, l'Impudicité est le peché, dont Dieu humilie ordinairement les Superbes: l'Humilité Chrétienne de LOVIS, a esté suiuie & recompensée d'vne admirable, prodigieuse, diuine Chasteté; par laquelle cet Excellent Prince, non seulement a imité, mais surpassé de bien loin les perfections de son Modele, *non habebit vxores plurimas, quæ alliciant animum eius.* Il a certes esté bien éloigné de cette infame Polygamie, que les Princes dissolus ont fait succeder à l'autre, qui estoit legitimée pour eux dans la Loy charnelle: il a esté bien éloigné de corrompre les Beautez Innocétes, ny de se soüiller des Criminelles. Il a esté bien éloigné de remplir sa Cour de Fornications, d'Adulteres, & d'Incestes; puis qu'on ne luy sçauroit pas mesme reprocher la moindre des fragilitez humaines. Comment est-ce qu'il auroit abandonné son cœur à la volupté; à qui il ne donna iamais vn seul mouuement de sa langue, ny de ses yeux; qu'il n'a iamais flattée d'vne parole, ny carressée d'vn regard impudique?

On le vit, MESSIEVRS, au dernier voyage qu'il a fait en Languedoc, faire vne action que ie n'estime pas moins, que sa conqueste du Roussillon, & la prise de Perpignan, qni fut le fuccez de ce voyage. Vne Fille parfaittement Belle, que la curiofité auoit emeüe de voir le Roy, fut elle mefme veüe,& regardée de toute la Cour, & du Roy; qui ietta innocemment les yeux deffus; iufqu'à ce que s'eftant apperceu de la furprife de fes fens, & des embufches dans lefquelles il eftoit tombé, ce Chafte Prince enfonça fon chappeau, & fe couurit les yeux de peur d'eftre aueuglé: & comme les plus Familiers luy difoient, que cette Beauté meritoit bien d'eftre confiderée de fa Majefté, IE SVIS, dit-il, HOMME COMME LES AVTRES, ET IE POVRROIS AVOIR LES MESMES SENTIMENS. O miracle de Chafteté! ô Ame pure! ô Ange de chair! allez Hermites, allez Religieux; cachez vous au fonds de vos Grottes, & de vos Cellules. Les Cloitres font plus aufteres & plus affreux; mais ils ne font pas plus innocents. Les Haires & les Cilices, ont peut eftre plus de rudeffe; mais ils n'ont pas plus de force, pour refifter aux attaques de la Volupte. IE SVIS HOMME COMME LES AVTRES, Ne le croyez pas Peuple: Les autres hommes font corrompus dés leur enfance; ils font gloire de leurs fales Amours, au moins ne les font ils paffer que pour des legeretez, & des imperfections de leur Ieuneffe; & LOVIS fait fcrupule mefme d'vne œillade inconfiderée. A vray dire neantmoins il eftoit homme comme les autres ; il auoit vne Chair de peché, des Membres rebelles, de la chaleur, & du fang dans les Veines, plus boüillant & plus fubtil que le commun des hommes : & toutefois, il n'a efté ny Homme comme les autres , qui obeyffent à leurs brutales conuoitifes; ny Roy comme les autres, qui ne sont Roys que de leurs Terres; & qui sont Esclaues d'eux-mesmes, & de leurs Passions; qui se iouent de la Pudicité des Femmes, & de l'honneur des Familles; qui ôtent le Diademe de dessus leur front, pour se mettre le Bandeau de l'Amour qui les aueugle; & qu'ils font regner absolument sur leurs Sujets, par le Ministere, & sous la Regence d'vne Concubine. Où sont les Agnés, & les Valentinoises, qui ont possedé le nostre? où sont les Ministres de ses Voluptez? où est-ce qu'il a laissé des marques de sa Ieunesse? Ce ne sont point ses debauches qui ont dissipé sa substance, & celle de son Peuple? ce n'a pas esté pour l'entretien de ses Plaisirs, qu'il a souffert qu'on ait leué tant de deniers, & forgé tant d'Impots.

A-ce-esté donc pour en amasser des Thresors immenses? rien moins; *non habebit auri, & argenti immensa pondera*; Et quoy que i'apperçoiue à vos contenances, & que ie lise dans vos Esprits le ressentiment que vous en auez, & qu'il soit bien difficile, voire mesme iniurieux, de vous faire approuuer le mal qu'on vous a fait: il me semble neantmoins que sans offencer le Iugement, ny la Verité, ie puis bien dire que nostre LOVIS, n'a point esté en cela contre l'Idée des Roys exprimée dans l'Oracle de l'ancien Testament; par-ce qu'il est certain que iamais Prince n'a moins possedé, ny moins amassé que celuy là, *argentum, & aurum, non multiplicabit sibi*. Ce n'étoit point pour luy, qu'on appauurissoit ses Sujets: ce n'estoit point pour repaitre son Auarice.

Vous le sçauez, MESSIEVRS, mais vous ne sçauez peut-être pas, en quoy consistoit son plus riche Thresor, & où il auoit mis son cœur: *describet sibi Deuteronomium Legis huius in volumine, & habebit secum, legetque illud omnibus diebus vitæ suæ.*

C'est icy veritablement, où il faut redoubler nos Admirations. C'est icy où il faut auoüer & reconnoitre, que le Ciel trauailloit particulierement à former, & à conduire les actions de ce Religieux Prince au modele donné de Dieu; & que ce mesme Dieu, qui tient en sa Main le Cœur des Roys, voulant accomplir le nostre de tous points selon son Idée, luy a inspiré sans doute par des Illustrations, & des Graces secretes, l'Amour, & l'Intelligence des Liures de la Loy. Il luy a fait executer cette circonstance à la lettre, *describet sibi Deuteronomium legis huius in volumine*: il a poussé & conduit sa Main, à composer & à decrire à son vsage ce Volume remply des plus beaux traits de l'Escriture Saincte; ce nouueau Psautier du second Dauid; ces Offices pour tous les iours de la Semaine, & de l'Année Royalle; ces diuins, & admirables Centons, dont le Choix, l'Ordre, la Liaison, l'Esprit propre, & nouueau qui les anime, sont des effets necessaires d'vne Lecture assiduë, & d'vne profonde Meditation, qu'il falloit que ce fidelle Prince eût fait sur les Oracles de son Dieu. Et à quoy ie vous prie, pourrions nous penser qu'il emploioit vne Heure de Retraitte qu'il faisoit chaque iour? il portoit donc toujours ce Volume auec soy, *habebit secum*; il le lisoit tous les iours de sa Vie; il le prenoit toutes les nuits, pour charmer les soucys, & les inquietudes de la Royauté, qui interrompoient son repos. C'est par là qu'il s'entretenoit auec son Dieu: C'est par là qu'il auoit appris à le craindre, & à obeyr à sa parolle; C'est par là que luy estoit venu le desir d'estre si Iuste, qu'on luy a entendu dire autrefois, qu'il estoit content de ne pas connoitre la difference du peché Mortel, & du peché Veniel; & qu'il suffisoit qu'vne action depleut à Dieu, pour ne la vouloir ny commettre, ny souffrir. Se peut il rien de plus Iuste, ny de plus conforme au Modele d'vn Roy selon le cœur de Dieu, *neque declinet in partem dexteram, vel sinistram*, Nous étonnerons-nous, si auec des actions, & des maximes si Chrestiennes il a si bien vescu ? Mais nous étonnerons-nous, s'il est si bien mort?

Ce terme de Mort ne vous doit point troubler, ny effacer de l'Esprit de mes Auditeurs les belles Idées que i'y ay mises du Regne, & de la Vie de LOVIS. Il est vray que ie ne puis pas m'empescher, de ietter icy quelques soupirs, & de me plaindre doucement. O mort! ne respectes-tu pas les Choses Sainctes, & les Personnes Sacrées? Est-ce ainsi que tu te venges des Roys, qui sont tes plus grands Ennemis; par-ce qu'ils tâchent de perdre, ou d'affoiblir tous les iours ton Empire, en donnant aux Criminels, & conseruant aux Innocens, la Vie que tu leur veux ôter? Faut-il donc que pour toy, le Diadéme ne soit qu'vn Bandeau de supplice, à couurir, ou plustost à aueugler les yeux de ces Testes Royalles que tu enleues? Faut il que les Trônes, ne soient pas moins vn lieu propre à tes Executions, que les Gibets? que ta Faux moissonne les Lys, aussi bien que les herbes communes; que tu en aiguises le trenchant sur des Sceptres; & que tu luy faces vne Garde, & vne poignée de

l'Or

Oraison funebre.

l'Or, & des Pierreries de la Couronne? Cette Couronne donc n'est-elle pas vn habillement de teste à l'épreuue de tes coups? ne peut-on point parer d'vn Sceptre contre toy; & ce qui est vn Baton de Commandement, ne le sçauroit-il estre de deffence? Cette Sage & Innocente REYNE, n'a t'elle peu amolir ta dureté par ses belles larmes? tant de millions de mains leuées vers le Ciel, n'ont-elles peu rompre, ou détourner ce triste coup. Viens toutesfois, ô belle mort! sors de ce Palays, de ce Temple ou tu habites auec tant de Roys, & tant de Reynes; Et si la France s'y oppose; si la Medecine te veut fermer toutes les portes, * entre par les fenestres; le ROY t'appelle, & te fait signe de l'œil: Vien donc; il te receura comme la plus grande de ses Victoires; il en chantera le Te Deum; il se rejoüyra des nouuelles que tu luy apportes, qu'il ira dans la Maison du Seigneur: Et au lieu de te donner des maledictions, & de te dire des injures, les plus Eloquens de ce siecle t'exalteront par leurs loüanges. Tu seras loüée à l'egal de la Vie, & vn mesme esprit animera d'enhaut ces Illustres Orateurs, pour leur faire dire d'vn mesme ton, *in vita sua fecit monstra, & in morte mirabilia operatus est.* Pour moy MESSIEVRS, qui n'en suis pas seulement vn bon Echô, & qui ne sçaurois prononcer distinctement, & expliquer tant de merueilles qu'on a veuës, en vne mort si constante, si vertueuse, & si Chrétienne; il me suffit de repeter, & de faire entendre hautement ce demy-mot, *placita erat Deo anima illius*: puis qu'il estoit selon le cœur de DIEV, sa mort ne pouuoit qu'estre precieuse deuant DIEV. Ie ne regarde point que c'est

* *Toutes ces circonstances se font passées en la maladie, & à la mort du Roy.*

E

ce funeste XIV. de May qui nous l'a rauy ; Mais ie regarde qu'il a suiuy le Triomphe de IESVS-CHRIST, au beau iour de son Ascension. Il est allé chercher la Paix au Ciel, qu'il voyoit bannie de la Terre. Il est allé changer sa Couronne en vne meilleure, incorruptible, & eternelle. Si ce n'est que ie dise, & ie le puis dire en vn veritable sens, qu'il n'a pas encore deposé sa Couronne terrestre. Nous sommes encores ses Sujets ; il regne encore sur Nous : Et i'oubliois sans y penser cette derniere preuue, la plus Illustre Marque, la plus visible Approbation, la plus Glorieuse recompense de sa vertu en ce Monde, *vt longo tempore regnet ipse & filii eius*.

C'est par ou finit & s'acheue l'Oracle ; c'est le dernier trait du Patron que Dieu à designé d'vn ROY selon son cœur ; Et si le Nostre n'auoit possedé cette Benediction, tout ce que i'en ay dit, pourroit sembler defectueux & imparfait. Il falloit donc qu'il regnast long temps ; il falloit qu'il eût des Enfans, pour regner apres luy. Il a regné long temps ; si on considere les grandes choses qu'il a faittes, *longa est vita, si plena* ; Si on considere, qu'il n'y a presque point de nos Roys, dont le Regne ait égalé la durée du sien : mais si on considere particulieremēt, qu'il regne, & qu'il gouuerne encores maintenant apres sa mort, en la personne de cette Sage & Religieuse Princesse, qu'il nous à laissé pour Regente. Car comme le Soleil s'estant couché, c'est luy neantmoins qui éclaire encores par la Lune, à laquelle il communique & donne de la lumiere, pour seruir au Monde de guide, & de flambeau iusqu'à son retour : Ainsi pouuons nous dire que cet

Senec. Ep. 93.

Illustre Prince ayant disparu de nostre Hemisphere, pour aller faire vn plus beau iour en celuy de l'Eternité; c'est tousiours luy mesme; c'est au moins la Moitié de luy mesme qui nous conduit, & qui nous éclaire encores : Et ce bel Astre qu'il a voulu presider à l'Estat en son absence, brille des rayons de sa Couronne, & de l'éclat de sa Puissance qu'il luy a deposée, iusqu'à ce qu'il retourne; & qu'il nous r'amene le iour en la Personne de cet autre Luy mesme, que le Ciel nourrit, & conserue à la France.

C'est vous, ô Grande REYNE, qui estes ce subalterne & ce second Flambeau pour presider à la Nuit, *Luminare minus quod praeesset nocti*; tandis que les Tenebres de l'Enfance, enuelopperont la Raison, & la Prudence de nostre Petit, & Innocent Monarque: Mais cette Comparaison enferme vn Augure fauorable & benin, qui nous fait esperer; que tout ainsi qu'on voyage plus commodément, & plus gayement à la fraischeur, & à la clarté de la Lune, apres auoir senty la chaleur, & l'incommodité du iour : Aussy les Peuples qui ont marché auec peine & fatigue, durant les grandes Iournées, & parmy les brûlantes ardeurs de ce Soleil; se trouueront rafreschis, & soulagez dans la paix, & la tranquillité de vostre douce & agreable Regence. Il en faut attendre des merueilles, en confirmation de la premiere, dont le Ciel a recompensé vostre abaissement & vostre humilité, vous faisant Mere d'vn Fils, pour lequel vous serez reputée Bienheureuse de toutes les Nations. Mais d'vn Fils, dont la Naissance, MESSIEVRS, n'a pas esté moins la recompense temporelle des vertus de son Pere: le

E ij

quel ayant accomply comme vous auez veu, les charges imposées de Dieu à la condition des Roys, deuoit par consequent iouyr de l'effet, & de la Benediction de ses Promesses, *vt longo tempore regnet ipse & filij eius.* Ses Enfans donc regneront apres luy: *Filii eius*, contre l'esperance des Peuples, contre l'attente, & les loix de la Nature; à l'étonnement de toute la Terre: Ses Enfans qui ont esté precedez des Propheties, & qui seront accompagnez, & suyuis des Miracles: Ses Enfans, ces deux Astres qui se sont leuez durant la tempeste, pour annoncer la Bonnace; & apporter le Calme à l'Vniuers, & la Paix à la Chrétienté.

Nous l'esperons ainsi, grand Dieu, nous le demandons ainsi. Cette Victime dont nous pleurons la mort, n'aura t'elle point appaisé vostre courroux? Ceste Teste si pretieuse & si chere, n'est-elle pas vn prix suffisant du rachât de toutes les autres? Le premier fruit de la mort de vostre Fils, fut la paix & la reconciliation du Ciel & de la Terre: que ce soit aussi le premier succez, & la premiere consolation de la mort du Fils Aîsné de vostre Eglise. Que vostre Agneau qui va estre immolé sur cet Autel, en ôtant les pechez du Monde, ôte la matiere de vos Fleaux, & de nos Guerres; *Agnus Dei qui tollis peccata mundi, dona nobis pacem.* Ie me trompe Chrestiens, ce Sacrifice dont ie vois l'appareil, est vn Sacrifice pour les Morts: Il faut dire, *dona eis requiem sempiternam:* Il faut dire: Seigneur, affligez vostre Peuple en ce monde tant qu'il vous plaira, si c'est pour son salut, & pour vostre gloire; Mais n'affligez point en l'autre monde ce Fidelle

Prince, & faittes le iouyr du repos Eternel. Ce discours a esté pour decouurir, & exposer à ses Sujets, les Vertus qu'il tenoit de la grace de Iesus-Christ: Mais ce Sacrifice est offert à vostre Majesté, pour couurir & cacher de vos misericordes, ses Pechez qu'il prenoit de l'infirmité d'Adam. Ne luy accordez pas, Seigneur, les cinquante ans de Purgatoire, qu'il a souhaittez auant que de mourir. Ce souhait, qui ne pouuoit partir que d'vne tres amere, & tres parfaitte Contrition, aura sans doute contenté vostre Iustice: Toutefois, puis qu'il s'est reconû Homme comme les autres : Puis que nous sçauons de vos Oracles, que le Iuste tombe sept fois durant le iour; qu'il est presque impossible de discerner, & de comprendre le nombre des Pechez; & des fautes Humaines; que vos Iugemens sont des Abysmes, dont on ne voit pas le fonds; Et que ceux qui commandent, & qui gouuernent, seront iugez auec beaucoup de seuerité, & de rigueur: ô Dieu, ces Sentences écrites de vostre doigt, & prononcées de vostre bouche, nous obligent assez d'implorer pour luy vostre Clemence. Ayez égard à sa Penitence; à ses Larmes : Mais ayez égard aux Larmes, & aux Prieres de toute la France; de toute l'Eglise; des Prestres, des Magistrats, & du Peuple assemblez en ce Lieu, qui se vont prosterner pour vous dire, *Dona ei Requiem sempiternam.*

AINSI SOIT-IL.

EXTRAICT DV PRIVILEGE DV ROY.

PAR Grace & Priuilege du Roy, donné à Paris le 10. iour d'Octobre 1643. il est permis à IEAN LE MIRE de faire imprimer, vendre, & debiter durant le temps & espace de cinq ans, L'ORAISON *Funebre de* LOVIS XIII. *Roy de France & de Nauarre*, prononcée à Pontoise par IEAN DESLYONS Doyen, & Theologal de l'Eglise Cathedrale de Senlis, & Docteur de Sorbonne. Et deffences à toutes autres personnes de la faire imprimer, vendre, & debiter souz les peines y contenuës; à conter du iour que ladite *Oraison* sera acheuée d'imprimer, Comme il est plus amplement porté par ledit Priuilege.

Acheué d'imprimer pour la premiere fois, le 10. *iour d'Octobre* 1643.

www.ingramcontent.com/pod-product-compliance
Lightning Source LLC
Chambersburg PA
CBHW070716050426
42451CB00008B/672